Weltfrieden
ohne Waffen,
ohne Hunger
und ohne Elend

–

ein Traum?

Weltfrieden ohne Waffen, ohne Hunger und ohne Elend – ein Traum?

———————————————

Horst Wodowos

Bibliografische Information der Deutschen Nationalbibliothek
Die Deutsche Nationalbibliothek verzeichnet diese Publikation
in der Deutschen Nationalbibliografie; detaillierte bibliografische
Daten sind im Internet über http://dnb.d-nb.de abrufbar.

© 2011 Horst Wodowos
Umschlaggestaltung: Uwe Asmussen

Satz, Herstellung und Verlag:
Books on Demand GmbH, Norderstedt

ISBN 978-3-8448-7808-0

*Ich widme dieses Buch meinen
Enkelkindern, Wadim, Zinaida,
Auvikki, Konstantin, Tim-Luca,
Naemi und Xenia.*

*Ich hoffe, dass sie ohne Krieg
durchs Leben kommen und der
Weltfrieden ohne Waffen, ohne
Hunger und ohne Elend
näher kommt.*

INHALTSVERZEICHNIS

Horst, ich beneide deine Enkel, denen du dieses Buch gewidmet hast. Andere Großeltern hinterlassen Gut und Geld, entweder reichlich oder wenig. Beides führt in den allermeisten Fällen zum Streit und nur selten zum Frieden.

Was du einmal an Erbe hinterlassen wirst, kann ich nicht ahnen, aber ich weiß, weil ich dich gut kenne, was dir in deinem Leben wirklich wichtig ist und was dir am Herzen liegt: Dein Leben gehört den Menschen dieser Erde. Immer und überall stehen sie im Mittelpunkt deiner Betrachtungen und deiner Entscheidungen, die du nicht nur still in dir trägst, sondern auch laut in der Nähe und in der Ferne kundtust.

Mit diesem Büchlein traust du dich nun noch einmal, wie ich befürchte ein letztes Mal, an die Öffentlichkeit – durch die Verbalisierung deines großen Traumes (?) nach dem Weltfrieden.

„Das wird nie etwas", höre ich deine Kinder, Enkel und Leser sagen.

Wer weiß?

Man sollte nie nie sagen. Du jedenfalls sagst dieses nicht.

Vor biblisch geschätzten 6000 Jahren ging der göttliche Befehl an die „ersten Menschen": Machet euch die Erde untertan. Das mit dem „untertan" hat Menschenherz und -sinn begeistert, aber ein anderes Wort aus diesem göttlichen Aufruf ist nach meinem und deinem Empfinden untergegangen: Euch! Das sind nicht einzelne, nicht wenige, nicht ausgesuchte, nicht besondere. Euch, das sind wir alle auf dieser Erde. Alle! Jeder Mensch trägt Verantwortung dafür, dass es allen anderen Menschen auch gut geht!

Aus einem Text von Willi Meurer (Member of Huma Race) zitiere ich nur wenige Worte: „Dies sind Zeiten des ‚Weltfriedens' – aber lokaler Kriege." „Wir", so beklagt es Meurer, „leben in einer Zeit, in der zu viel im ‚Schaufenster' gezeigt wird und fast nichts im ‚Lager' ist."

Du benennst in deinem Büchlein Möglichkeiten, diese defizären Lager zu füllen. Und zwar auf wirtschaftlichem, gesellschaftlichem, wissenschaftlichem, technischem, religiösem, politischem und privatem Gebiet. Es ist dein Anliegen, mehr und mehr auf „Schaufensterdekorationen" Einzelner und der Politik zu verzichten und sich endlich einmal um die Würde des Menschen zu kümmern!

Deine Tipps sind sicherlich nicht neu und einmalig. Schon mancher hat ähnliche erdacht und formuliert, aber nicht viele haben es mit so wenigen Worten geschafft. Wir Norddeutschen sagen dazu: „Du hast endlich Butter bei die Fische getan."

Mit gutem Willen ist er zu schaffen, der Weltfriede.
Er muss keine Utopie bleiben.

Euch erwähnten Enkelkindern gratuliere ich zu diesem Opa und bitte euch das Vorliegende, gleichsam eines Vermächtnisses, in Hand und Herz zu bewahren. Es dürfen (lt. Bibel) solange

die Erde sich dreht, nicht aufhören Sommer und
Winter, Frost und Hitze, Tag und Nacht, Aussaat
und Ernte – zum Wohle derer, die auf Erden leben. Und das ist auch in unsere Hand gegeben.
Leiste jeder friedlich seinen Beitrag dazu. Möglichkeiten dazu sind jedem reichlich gegeben.

Euch, denen dieses Büchlein gewidmet ist, wün-
sche ich die Erfüllung von Opas Traum.

Uwe Asmussen
(Freund, Seelsorger/NAK)

PRÄAMBEL

Nach Mahatma Gandhi gibt es in der heutigen Welt 7 Todsünden:

- Reichtum ohne Arbeit.
- Genuss ohne Gewissen.
- Wissen ohne Charakter.
- Geschäft ohne Moral.
- Wissenschaft ohne Menschlichkeit.
- Religion ohne Opferbereitschaft.
- Politik ohne Gewissen.

Sie dürfen nicht fortbestehen!

Was sagen uns diese Gebote? Die 7 Sünden sind richtig erklärt: Jeder einzelne Mensch ist aufgerufen, über sie nachzudenken und sein Handeln diesbezüglich zu ändern.

Folgende 5 goldenen Regeln sollten für alle Menschen zur Lebensgrundlage werden:

- Verzicht auf Gewalt
  gegen das Leben und Gut anderer.
- Respekt voreinander
  und gegenüber anderen Kulturen.
- Verzicht auf Neid und Missgunst.
- Aufrichtigkeit und Hilfsbereitschaft
  gegenüber anderen.
- Bereitschaft zur Vergebung.

Der renommierte Harvardprofessor Ulrich Wiechmann fasst seine Definition des strategischen Planens in der Faustregel zusammen: „Wo bin ich, wohin will ich und wie komme ich dahin, wo ich hinwill?"

Wo bin ich?

Im Alter von 85 Jahren, seit 1959 selbstständig, langjährig in der Verbandsarbeit im Deutschen Hotel- und Gaststättenverband tätig und schon über 40 Jahre in der Kommunalpolitik als Stadtvertreter, Kreistagsabgeordneter und bürgerliches Mitglied, verfüge ich über Erfahrungen in der Verbandsarbeit, im kaufmännischen Bereich und in der Politik.

Meine Erkenntnis ist, dass sowohl in der Wirtschaft wie auch in der Politik vieles schiefgelaufen ist und Fehlentwicklungen auch weiterhin Tag für Tag für jeden erkennbar sind.

Man kann also auch ganz allgemein fragen: Wohin wollen wir und wie kommen wir dahin, wo wir hinwollen?

Die Wissenschaft geht davon aus, dass unsere Erde vor ca. 5 Milliarden Jahren entstanden ist. Vor etwa 2 Millionen Jahren soll sich der Mensch entwickelt haben.

Die Menschheit mit ihrer Geschichte von ca. 2 Millionen Jahren in einem Zeitraum von 5 Milliarden Jahren ist nicht geeignet, sich als Mittelpunkt der Welt anzusehen.

Nach dem Alten Testament [1], 1. Buch Mose 1,1, heißt es: „Am Anfang schuf Gott den Himmel und die Erde.“

In Vers 24 steht: „Da sprach Gott: ‚Die Erde

---

[1] *Das Alte Testament, nach den Grundtexten übersetzt und herausgegeben von Prof. Vinzenz Hamp und Prof. Meinrad Stenzel. 6. Aufl., Paul Pattloch Verlag, Aschaffenburg 1956.*

bringe lebende Wesen nach ihrer Art hervor: Vieh, Kriech- und Feldtiere nach ihren Arten!' Und es geschah so."

Weiter steht in Vers 26: „Dann sprach Gott: ‚Lasst uns Menschen machen nach unserem Abbild, uns ähnlich; sie sollen herrschen über des Meeres Fische, über die Vögel des Himmels, über das Vieh, über alle Landtiere und über alle Kriechtiere am Boden!'

Und in Vers 27: „So schuf Gott den Menschen nach seinem Abbild, nach Gottes Bild schuf er ihn, als Mann und Frau erschuf er sie."

Die Gleichberechtigung zwischen Mann und Frau war somit vom Anbeginn gegeben.

Die drei monotheistischen Religionen und ihre Vertreter – Priester, Mullahs und Rabbis – fordern gleichermaßen den Frieden. Sie sehen in Abraham als dem Ersten, der wahrhaft an den einen und einzigen Gott glaubte, die Grundlage ihrer Religion. Es gibt folglich mehr Gemeinsamkeiten zwischen den religiösen Richtungen, als allgemein bekannt ist.

Trotzdem ist die Menschheitsgeschichte voller

Kriege, wobei die Glaubenskriege den vordersten Platz einnehmen.

Nutzen wir die Zeit, die uns bleibt, gemeinsam für den Weltfrieden einzutreten.

Träumen wir davon, dass wir es mittelfristig erreichen, vielleicht im nächsten oder übernächsten Jahrtausend, allen Menschen auf der Erde ein würdevolles Leben ohne Waffen, ohne Hunger und ohne Elend zu ermöglichen. Zu diesem Ziel gehört auch, den Weltfrieden, die Freiheit und die Menschenrechte Wirklichkeit werden zu lassen.

Wenn wir Weltfrieden auf unserer Erde erreichen wollen, ist ein grundsätzliches Umdenken erforderlich.

Denn Glück und Zufriedenheit kann nicht per Gesetz verordnet werden.

Erst einmal müssen sich alle Staaten bzw. Gesellschaften und alle Glaubensgemeinschaften (Kirchen) grundsätzlich dazu verpflichten, auf gegenseitige Gewalt zu verzichten.

Für jeden einzelnen Menschen sollte der Satz „Liebe deinen Nächsten wie dich selbst" zur Selbstverständlichkeit werden.

Auf der ganzen Erde darf es nur noch parlamentarische Demokratien geben.

Diktaturen, Einparteiensysteme, Alleinherrscher, politisch entscheidende Monarchien und Glaubensstaaten dürfen keine Existenzberechtigung mehr haben.

Für die Umsetzung sollten überall Satzungen mit den gleichen ethischen Grundwerten wie einer garantierten Menschenwürde, der Einhaltung der Menschenrechte und der persönlichen Freiheit erarbeitet werden.

Die Freiheit des einzelnen Menschen ist nicht unbegrenzt, sie hört da auf, wo sie die Freiheit eines anderen Menschen einschränkt. Freiheit bedeutet auch, dass sich jeder Mensch für oder gegen etwas entscheiden kann. Er kann sich sogar zwischen dem Guten und dem Bösen entscheiden. Wenn er sich für das Böse entscheidet, muss er sich darüber im Klaren sein, dass er dann auch die Konsequenzen (Bestrafung) zu tragen hat.

Die erforderliche Satzung sollte von der UN oder einem neu zu bildenden Völkerbund ausgearbeitet werden. Auch die Zuständigkeit für die Kontrolle und Einhaltung der Satzung gehört unter die Aufsicht dieses Gremiums.

Natürlich gibt es auch so etwas wie eine negative Friedenssicherung. Die Entwicklung von Atombomben und Atomgranaten und deren Einsatzmöglichkeiten wie der Abschuss von Unterseebooten aus dem Meer, aus unterirdischen Stellungen bzw. aus dem Weltraum haben lange Zeit dazu beigetragen. Jeder konnte jeden vollständig vernichten und lief Gefahr, selbst völlig vernichtet zu werden. Teilweise besteht diese Konfrontationslage weiter. Außerdem sind da leider noch die Konflikte, die mit konventionellen Waffen ausgetragen werden. Für die Waffenindustrien sind sie eine existenzielle Grundlage. Diese verfügen daher über eine nicht zu unterschätzende Lobbygruppe, deren Verantwortliche in vielen Ländern mit dazu beitragen, solche Konflikte am Leben zu erhalten.

Unbestritten ist, dass in vielen internationalen Gremien und Konferenzen für den Frieden gestritten wird. Noch gewinnt hier die Waffenlobby. Das muss anders werden!

Wenn es eines Tages überhaupt keine Kriege mehr gibt, dann werden wir auch keine Kriegswaffen und keine Militärbündnisse mehr benötigen.

Viele Milliarden werden dann frei für weltweit dringend notwendige Projekte und sinnvolle Aufgaben.

Es müssen die Grundlagen dafür geschaffen werden, dass die Menschen nicht mehr unglücklich und unzufrieden mit sich selbst und der Welt sind.

Die Menschen benötigen eine Arbeit, die so bezahlt wird, dass man davon leben und sich eine bezahlbare Wohnung bzw. ein Haus leisten kann und man genug zu essen und zu trinken hat. Es ist allerdings die Pflicht und die Aufgabe eines jeden Menschen, wenn er gesund ist, seinen Leistungswillen zu zeigen, zu entwickeln und sich für sich selbst einzusetzen.

Es wird immer Menschen geben, die dieser Pflicht nicht nachkommen wollen und nicht bereit sind, die notwendige und zumutbare Verantwortung für sich selbst zu übernehmen. Sie müssen sich aber darüber im Klaren sein, dass sich ihr Lebensstandard im unteren Bereich verfestigt – das heißt: kein eigenes Haus oder eigene Wohnung, kein eigener Grund und Boden, kein Auto oder Motorrad, kein Fernseher und überhaupt kein Luxus. Verbesserungen sind für diese Menschen nicht möglich, da sie auf Kosten der Allgemeinheit leben.

Für die notwendigen Rahmenbedingungen hat die Gesellschaft aber zu sorgen.

Schauen wir uns die Welt an, in der wir heute leben. Vor 2000 Jahren gab es ca. 250 Millionen Menschen auf unserer Erde. Es hat schätzungsweise gut 1500 Jahre gedauert, bis es 1 Milliarde waren.

2020 werden es gut ca. 7 Milliarden sein. Welch eine rasante Entwicklung!

Wir haben 5 Erdteile: Europa mit 45 Staaten und gut 733 Millionen Menschen; Amerika (Süd- und Nord-) mit 40 Staaten und gut 904 Millionen Menschen; Afrika mit 54 Staaten und gut 944 Millionen Menschen; Asien mit 48 Staaten und gut 4 Milliarden Menschen; sowie Australien mit 21 Staaten und gut 34 Millionen Menschen.

Die grenzenlose Vermehrung der Menschen kann nicht so wie bisher weitergehen.

Intelligente Lösungen sind vor allem in Asien und Afrika gefragt. China hat es – leider mit unmenschlichen Bestimmungen (Geburtenregelung) – geschafft, den grenzenlosen Bevölkerungszuwachs zu stoppen.

Wir können feststellen, dass weniger Kinder geboren werden, wenn in einer Gesellschaft Wohlstand herrscht. Wenn wir es erreichen, dass es in der Dritten Welt einen ähnlichen Wohlstand gibt wie in der westlichen, dürfen wir annehmen, dass die grenzenlose Vermehrung der Menschheit ohne gesetzliche Eingriffe zurückgehen wird und somit der Raumbedarf an Problematik verliert.

Was den Hunger besonders in der Dritten Welt betrifft, gibt es Berechnungen, die zu der Erkenntnis kommen, dass bei optimaler Nutzung aller Ressourcen und Kapazitäten ein Vielfaches der heute bestehenden Menschheit mit Nahrungsmitteln versorgt werden kann.

An der ungleichen Entwicklung der Industrieländer mit ihrer überlegenen Technologie und der Entwicklungsländer mit ihrer ungünstigen, und unterentwickelten Infrastruktur hat sich bis heute nichts geändert.

Nur wenn es gelingt, die herrschende Weltwirtschaftsordnung den Bedürfnissen und den Interessen der Dritten Welt anzupassen, kann diese unerträgliche Schieflage beseitigt werden.

Die Errichtung von Staatsgebilden (Staatsgewalten) überall auf der Welt sollte man aus heutiger Sicht überdenken. Sie hat dazu beigetragen, die Entstehung parlamentarischer Demokratien zu erschweren. Besser wäre es gewesen, wenn es von Anfang an eine Entwicklung von Gemeinschaften gegeben hätte.

Bevor sich die Länder zu Staaten formten, gab es Regionen, die sich sprachlich und kulturell gemeinsam entwickelt hatten. Vielleicht wäre eine Rückbesinnung auf regionale Zusammenschlüsse da, wo dies möglich ist, von Vorteil.

Die Versöhnung der Kulturen ist ein unverzichtbares Ziel. Um dies zu erreichen, gibt es noch sehr viel zu tun. Verbesserungen sind immer möglich, wenn die Rahmenbedingungen stimmen. Auch ohne Revolutionen.

Der Weg ist das Ziel!

Heute gibt es z.B. die Vereinigten Staaten von Nordamerika. Sicher wäre es vorteilhafter, wenn es die vereinigten Staaten von ganz Amerika – inklusive Südamerika – gäbe.

Für das Europaparlament, in dem zurzeit nur 27 Staaten vertreten sind, wäre es von Vorteil, wenn in ihm alle 45 europäischen Staaten vertreten wären.

Auf den anderen 3 Erdteilen – in Afrika mit 54, in Asien mit 48 und in Australien mit 21 Staaten – muss es ebenso autonome gemeinschaftliche Parlamente geben.

Als Weltorganisation sollte die UNO bzw. der Völkerbund zuständig sein. In dieser Institution müssen die 5 Erdteile mit je einer gleichen Zahl von Abgeordneten vertreten sein. Wegen der Arbeitsfähigkeit sollten die Erdteilparlamente und die Weltorganisation eine jeweilige Abgeordnetenzahl von 200 möglichst nicht überschreiten.

Wir haben zurzeit laut Google eine nicht konstante Zahl von 27 Weltorganisationen. Bei der Gründung einer solchen Organisation sollte die Effektivität im Vordergrund stehen und nicht das Motto: Wenn ich nicht mehr weiterweiß, gründe ich einen Arbeitskreis.

Die Entwicklung der Rassentheorien hat zum Rassismus geführt und dieser ist konsequent abzulehnen. Die äußerlichen Merkmale der Menschen machen augenscheinlich Unterschiede deutlich, wobei die Menschen sich im Hinblick auf die genetische Konstitution nur geringfügig voneinander unterscheiden. Die Menschheit besteht, wissenschaftlich gesehen, aus nur drei ethnischen Gruppen: Mongoloide, Negroide und Caucasoide.

Vor gut 150 Jahren gab es noch kein Auto. Die industrielle Entwicklung seither war atemberaubend und heute befinden wir uns in einem technischen Zeitalter, das uns jeden Tag Neuheiten präsentiert. Nur bleibt es leider nach wie vor bei der Schieflage: In den Industrieländern kommen alle in den Genuss dieser Dinge, in der Dritten Welt kaum jemand.

Es heißt, dass alle Menschen gleich sind, nur handeln sie so, als ob jeder von ihnen etwas gleicher ist. Ihnen im Weg steht immer ihr Drang nach Macht und Einfluss. Wir haben Weltmächte wie die USA, China oder Russland, die im Sicherheitsrat der UNO ein Vetorecht haben. Auch das muss geändert werden.

Die 5 Erdteile müssen im Völkerbund absolut gleichberechtigt sein.

Dort darf es kein Vetorecht geben. Die Entscheidungen hier sollten grundsätzlich nur mit einer Zweidrittelmehrheit getroffen werden.

Wir haben – erschreckenderweise – immer noch und sogar zunehmend mehr Staaten, die über Atomwaffen verfügen. Auch die Eroberung des Weltraumes steht im Fokus der leider noch vorhandenen Weltmächte. Diesen perversen Entwicklungen muss Einhalt geboten werden. Militärbündnisse würden sich bei einem noch zu beschließenden, allseitigen Nichtangriffspakt erübrigen.

Der Egoismus einzelner Staaten muss dem Interesse der gesamten Menschheit weichen. Auch

Ressourcen gehören nicht einzelnen Gemeinschaften bzw. Staaten oder Unternehmen, sondern der gesamten Menschheit. Neue gesetzliche Regelungen müssen allgemein verpflichtend und erdteilübergreifend erarbeitet werden. Eine <u>diesbezügliche</u> Regelung staatlichen, gesellschaftlichen bzw. privaten Eigentums muss konsequent in die Hände des Völkerbundes (UNO) überführt werden.

Ein weiteres Problem ist das unangemessen lange Festhalten an Machtpositionen einzelner Personen bzw. Gruppen, sei es im politischen, wirtschaftlichen, kirchlichen und kulturellen Bereich oder auch im Sport. Immer und überall geht es darum, die Macht zu festigen und, wenn möglich, auszubauen.

Demokratie bedeutet *Macht auf Zeit*.

Die Praxis sieht leider anders aus.

Unverhältnismäßig hohe Abfindungen bzw. Entlohnungen Einzelner sind eine Perversion und sollten steuerlich wieder abgeschöpft werden. Mehr als ein Jahreseinkommen von einer Million Euro nach Steuern (auch eine andere Summe wäre denkbar) darf nicht überschritten werden.

Beträge, die darüber hinausgehen, sollen der Gemeinschaft zugutekommen.

Wünschenswert wäre eine Regelung, die allgemein verpflichtend und auf allen Erdteilen gleich hoch festgelegt werden würde.

Die Schaffung gleicher Lebensbedingungen wird bereits durch die vielen verschiedenen Währungen erschwert. Wenn es auf allen Erdteilen dieselbe Währung gäbe, wäre gleicher Lebensstandard eher zu erreichen. Die wichtigste Voraussetzung für alles ist, die Wirtschaftseinheit zu erreichen.

Wann begreifen wir, dass das Leben auf unserer Erde ein Geschenk auf Zeit ist?

All unser Handeln nach immer mehr, immer höher, immer schneller ist ohne Wenn und Aber ENDLICH und nicht UNENDLICH. Nur die Zeitgeschichte und der Weltraum sind UNENDLICH.

Der Mensch ist durchaus in der Lage, alles Leben auf der Erde zu vernichten. Er wird aber nie in der Lage sein, das Weltall zu beherrschen. Auch großen Naturkatastrophen ist er ausgeliefert.

Nur der allmächtige Gott – oder wie auch

immer er in anderen Religionen oder Glaubensgemeinschaften genannt wird – kann jederzeit
alles ändern, auch unsere Erde auslöschen.

Der Raubbau an der Natur und der Umwelt muss
nachhaltig verhindert werden. Besonders darf die
Atmosphäre nicht weiter zerstört werden und die
Erderwärmung nicht weiter ansteigen.
Spätestens seit Hiroshima steht endgültig fest,
dass Atomkraftwerke nicht beherrschbar sind.
Die vorhandenen müssen Schritt für Schritt abgebaut werden und Neubauten sind nicht zu verantworten. Diesbezügliche Konferenzen sind schön
und gut, doch müssen Taten folgen.

Was muss alles geändert werden?

1. In der Politik allgemein

Eine Politik ohne Prinzipien darf es nicht geben. Sie muss das Wohl der Bevölkerung zum Ziel haben, sie muss verlässlich, glaubwürdig, unbestechlich und verantwortungsbewusst sein.

Erst einmal muss das vordergründige Streben nach Macht aus den Köpfen verschwinden. Es hatte stets nur Armut, Elend und Hunger durch Glaubens- und Eroberungskriege zur Folge. Eine einzelne Weltmacht darf es ebenfalls nicht geben. Jedoch ist eine nach ethischen Grundsätzen organisierte Weltordnung vonnöten. Korruption ist das größte Krebsgeschwür in unserer Gesellschaft und muss als Straftat in allen Staaten bzw. Gemeinschaften als solche gesehen und entsprechend strafrechtlich verfolgt werden. Alleinherrschaften, ob von Einzelnen, Gesellschaften oder Kirchen bzw. Glaubensgemeinschaften, darf es nirgendwo mehr geben. Auf der Suche nach der richtigen Staatsform bzw. Gesellschaftsform muss man davon ausgehen, dass es zur parlamentarischen DEMOKRATIE keine Alternative gibt.

Schon Churchill, Premierminister von England im Zweiten Weltkrieg, stellte fest: „Die Demokratie ist eine schlechte Regierungsform, aber von den schlechten immer noch die beste."

Alle Gemeinschaften sind nach gleichen Grundwerten autonom zu führen, sie müssen sich allerdings an die vereinbarten ethischen Regelungen und Gesetze halten. In allen Staaten bzw. Gemeinschaften muss eine parlamentarische Demokratie zum Tragen kommen. Wenn ein Staat bzw. eine Gemeinschaft dies ablehnt, kann er bzw. sie nicht Mitglied im Erdteilparlament bzw. im Weltparlament sein, bleibt auf sich allein gestellt und kann in der Not auch keine Hilfe erwarten. Bilaterale bzw. wirtschaftliche Beziehungen mit solchen Staaten bzw. Gemeinschaften müssen allen ordentlichen Mitgliedern untersagt werden.

Alle Staaten bzw. Gemeinschaften können ihre Verfassungen autonom verabschieden, sie müssen darin allerdings jeweils die gleichen Grundwerte festschreiben.

Textempfehlungen dazu sollte die UNO bzw. der Völkerbund erarbeiten.

Die deutsche Verfassung wird als mustergültig angesehen. Anspruch und Wahrheit müssen aber überprüft werden. So steht z.B. in unserer Verfassung in Art. 21 Abs. 1: „Die Parteien sollen an der politischen Willensbildung mitwirken."

Tatsache ist, dass die Parteien sich mit der Zeit unseren Staat unter den Nagel gerissen haben. Eine solche Fehlentwicklung muss allgemein verhindert werden. Um das zu erreichen, muss das Wahlrecht so gestaltet sein, dass die Bevölkerung mehr Einfluss auf die Zusammensetzung der Parlamente bekommt.

Einzelbewerbungen müssen grundsätzlich zugelassen werden.

Die Bundestagskandidat(inn)en müssen zu 55 % vom Volk gewählt werden. Erst die weiteren 45 % dürfen, gemäß dem prozentualen Wahlergebnis, von den zur Wahl zugelassenen Parteien bzw. Einzelpersonen gestellt werden.

Auch ein anderes Wahlrecht, das verhindert, dass die Parteien sich den Staat unter sich aufteilen, ist zu begrüßen.

Die Parlamente sollen nicht zu groß und nach Möglichkeit ein Spiegelbild der Gesellschaft sein.

Sie dürfen die demokratischen Grundsätze nicht in Frage stellen und sollen funktionsfähig sein.

Überhangmandate und Ausgleichsmandate darf es nicht mehr geben. Das Wahlrecht für Frauen ist weltweit zu garantieren.

Außerdem ist eine Trennung von Kirche und Staat festzuschreiben. Beide Seiten können aber voneinander profitieren. Es darf nicht akzeptiert werden, wenn z.B. die orthodoxen Juden die Identität von Kirche und Staat fordern. Dies ist eine einseitige und extremistische Haltung.

Extremisten und Radikale sowie Hassprediger müssen nicht verboten, aber dürfen zu Wahlen nicht zugelassen werden.

Eine weltweite Übereinstimmung gehört zur Grundlage eines friedvollen Miteinanders. Alle Menschen haben ein Recht darauf, selbst zu entscheiden, welcher Kirche bzw. Glaubensgemeinschaft sie angehören möchten und die Kirchen und Glaubensgemeinschaften sind zur gegenseitigen Anerkennung zu verpflichten.

Der Friede, die Liebe und der Glaube an Gott – oder wie er in den Glaubensrichtungen auch immer genannt wird, z.B. im Islam, im Hinduismus oder Buddhismus –, müssen unbestritten festgeschrieben sein. Gegenseitiger Respekt und Toleranz ist die Grundlage für ein friedliches Miteinander.

Die Menschenwürde ist unantastbar und nicht verhandelbar, sie muss nicht nur in allen Gemeinschaften, sondern auch in der Kirche und in allen Glaubensgemeinschaften garantiert sein. Dazu gehört auch ein grundsätzlicher Gewaltverzicht, was Leib und Leben anbelangt.

Weiterhin muss jede Gemeinschaft bei gleicher Zielsetzung das Recht haben, ihr Wahlrecht autonom zu gestalten.

Das Wahlrecht muss bindend und verständlich formuliert sein.

Freiheitlich kontrollierte Parlamentswahlen müssen so abgehalten werden, dass gesetzgebende Körperschaften in zwei Stufen gewählt werden, wobei für die erste Wahl alle Parteien und Gemeinschaften bzw. einzelne Personen (die z.B. 1000 Unterschriften vorweisen können) zur Wahl zugelassen werden.

Für die zweite Wahl dürfen nur die zwei antreten, die im ersten Wahlgang die meisten Stimmen bekommen haben.

Der Sieger dieses Wahlganges, auch wenn er 99% erreicht, bekommt im Parlament nur maximal 55% der Sitze, die anderen 45% werden prozentual auf andere Parteien, Gemeinschaften bzw. Einzelpersonen aufgeteilt, die im ersten Wahlgang mindestens 5% erreicht haben.

Der Vorteil dieses Verfahrens liegt darin, dass es so nicht möglich ist, dass eine einzelne Gruppe eine Zweidrittelmehrheit erreicht und sie in der Lage ist, Satzungs- bzw. Verfassungsänderungen durchzusetzen.

Die Regierungsverantwortung liegt dann bei einer Partei, die ohne Koalitionspartner in alleiniger Verantwortung regieren kann. Das Volk kann nach Ablauf der Legislaturperiode darüber urteilen, ob es mit der Leistung der Regierung zufrieden war oder nicht. Bei der nächsten Wahl kann es die Regierungspartei bestätigen oder abwählen.

Alle Gemeinschaften verpflichten sich, ihre Machtstrukturen so zu ändern, dass die an die

Spitze gewählten bzw. benannten Personen höchstens 4 bzw. 5 oder 6 Jahre ihren Posten behalten. Sie können danach, wenn die Voraussetzungen für eine Wiederwahl bzw. -Benennung gegeben sind, nur noch einmal gewählt werden.

Eine Abwahl ist auf Antrag einer Fraktion jederzeit möglich. Eine Fraktion besteht nur, wenn sich mindestens drei Abgeordnete zusammenschließen. Einem mit Mehrheit beschlossenem Misstrauensantrag folgt zwingend eine vorzeitige Neuwahl. Die Einzelheiten regelt jedes Parlament in eigener Verantwortung.

Alle Staaten bzw. Gemeinschaften müssen eine eigene Verfassung bzw. ein eigenes Grundgesetz haben, worin die allgemeinen ethischen Grundsätze wie die verbrieften Menschenrechte, die Unantastbarkeit der Menschenwürde und der Verzicht auf Gewalt (Nichtangriffspakt) gegenüber anderen Staaten bzw. Gemeinschaften festzuschreiben sind.

Das hat zur Folge, dass keine Staaten bzw. Gemeinschaften irgendwelche Kriegswaffen und somit auch kein Militär benötigen. Auch eine Selbstverteidigung ist dann nicht mehr nötig.

Atomwaffen können komplett abgebaut werden. Alle Waffenarsenale verschwinden und die Militärbündnisse können aufgelöst werden.

Welch finanzielles Einsparpotenzial wird da frei! Viele Projekte, die dem Frieden in der Welt dienen, können damit finanziert werden!

Um die Sicherheit der Bevölkerung zu garantieren, muss in jedem Staat eine effektive, gut ausgebildete und ausgerüstete Polizei bzw. Kriminalpolizei vorhanden sein. Diese muss über die Grenzen hinweg vernetzt sein. Auch der Völkerbund muss zur Durchsetzbarkeit seiner Beschlüsse über die dafür notwendigen Mittel bzw. Institutionen verfügen.

Unabdingbar ist in allen Staaten bzw. Gemeinschaften die Gewaltenteilung in Legislative (= das Volk), Exekutive (= die gesetzgebenden Körperschaften, die Administration/Verwaltung) und Judikative (= die Justiz).

Weiterhin müssen ein Mehrparteiensystem, eine uneingeschränkte Pressefreiheit und die Unabhängigkeit des öffentlichen Funk und Fernsehens in allen Staaten bzw. Gemeinschaften garantiert sein.

Alle Staaten bzw. Gemeinschaften eines Erdteils

müssen sich unter dem Dach einer Organisation zusammenschließen, die die Aufgabe hat, über die Einhaltung der vereinbarten demokratischen Grundsätze zu wachen, und die berechtigt ist, notfalls mit Hilfe der bevollmächtigten Kommissare einzugreifen.

In Europa (Europaparlament) müssen alle zurzeit 45 Staaten bzw. Gemeinschaften, in Amerika (Amerikaparlament) alle zurzeit 40 Staaten bzw. Gemeinschaften, in Afrika (Afrikaparlament) alle zurzeit 54 Staaten bzw. Gemeinschaften, in Asien (Asienparlament) alle zurzeit 48 Staaten bzw. Gemeinschaften und in Australien alle zurzeit 21 Staaten bzw. Gemeinschaften mit einer gleichen Mitgliederzahl vertreten sein.

Die 5 Erdteile wiederum müssen sich mit einer jeweils gleichen Mitgliederzahl unter dem Dach eines Völkerbundes (UNO) zusammenschließen. Dessen Aufgabe ist es, darauf zu achten, dass alle vereinbarten ethischen Grundsätze überall auf der Erde eingehalten werden und alle das Recht haben, bei Verstößen mit allen erforderlichen Mitteln und Maßnahmen durch eigene Sanktionen und Kommissare einzuschreiten. Der Völkerbund (UNO) muss finanziell so ausgestattet sein, dass er in der Lage ist, alle erforderlichen Maßnahmen auch umzusetzen.

Die Erdteilparlamente und der Völkerbund dürfen nicht zu groß werden, ihre Funktionsfähigkeit muss immer im Vordergrund stehen.

Um eine Verfassungs- bzw. Satzungsänderung zu erschweren, müssen die jeweiligen Parlamentssitze so verteilt sein, dass eine Zweidrittelmehrheit nicht von einem oder zwei Staaten bzw. Erdteilen allein erreicht werden kann.

Alle Staaten bzw. Gemeinschaften müssen pro Einwohner und Jahr einen noch festzusetzenden Betrag an den Völkerbund (UNO) entrichten. Das wird kein Problem darstellen, wenn man bedenkt, dass sämtliche Ausgaben für Waffen und Militär entfallen.

Grundsätzlich sollte es das Prinzip sein, dass Entscheidungen, die auf einer unteren Ebene getroffen werden können, auch dort entschieden werden.

Die sprichwörtliche Aufblähung der Verwaltungen, ihrer Gebäudekomplexe und der zuständigen Institutionen, zu einem Wasserkopf hat sich weltweit bereits vollzogen und zu enormen Kostensteigerungen geführt. Dies ist mit ein wesentlicher Grund für die Überschuldung der Staaten bzw. Gemeinschaften. Wenn wir uns allein für die Bundesrepublik mal vor Augen halten, wie groß unser Haushalt bei Gründung unseres Staates war und dies mit dem heutigen Haushalt vergleichen, dann wird klar, dass diese Entwicklung nicht zu verantworten ist. Die enorm gestiegenen Einnahmen werden hauptsächlich von uns Bürgern erbracht.

Das eigentliche Problem sind die immer noch höher steigenden Ausgaben, die von der Politik beschlossen werden – eine Finanzpolitik, die unweigerlich in die Katastrophe führt. Leider geschieht das Gleiche auch in vielen anderen Ländern.

Die Politiker sollten endlich begreifen, dass nicht ständig mehr ausgegeben werden kann, als eingenommen wird. Die Ausgaben müssen endlich einnahmenorientiert gestaltet und die Schuldenberge konsequent abgebaut werden.

Berufspolitiker müssen so viel verdienen, dass sie finanziell unabhängig sind und sie ohne Einfluss von außen ihre Entscheidungen nur nach ihrem Gewissen treffen können. Aufsichtsratsposten dürfen sie nur in öffentlichen Einrichtungen wahrnehmen. Alle Nebeneinkünfte müssen offengelegt und vom jeweiligen Parlamentspräsidenten genehmigt werden.

Ohne das Ehrenamt würden die vielen gesellschaftlichen Aufgaben nicht zu finanzieren sein. Eine entsprechende Würdigung und Kostenerstattung für jede/-n Einzelne/-n muss in allen Staaten bzw. Gesellschaften selbstverständlich werden.

2. In der Sozialpolitik

Das Recht auf Arbeit muss weltweit in einem Gesetz festgeschrieben werden. Die unterschiedlichen Klimaverhältnisse müssen dabei eine Rolle spielen. Die wöchentliche Arbeitszeit und der Arbeitslohn (gleicher Lohn für gleiche Arbeit) sowie die Gleichberechtigung für Mann und Frau müssen weitgehend gleich lautender Bestandteil aller Verfassungen sein. Kinderarbeit muss in allen Staaten bzw. Gesellschaften verboten werden.

Die Rentengesetze müssen ebenfalls weltweit angeglichen werden. Alle Menschen, die eine noch festzulegende Zeit von Jahren gearbeitet und ihre gesetzlich festgelegten Beiträge zur Altersversorgung geleistet haben – wobei es keinen Unterschied zwischen Arbeiter, Angestellten oder Beamten geben darf –, müssen zur gleichen Zeit in Rente gehen können. Jede Bürgerin und jeder Bürger muss für die Rente bzw. Altersversorgung monatliche Einzahlungen leisten. Die Rente muss einen angemessenen Lebensunterhalt garantieren. Eine zusätzliche, private Altersvorsorge muss immer möglich sein.

Pensionszahlungen darf es nicht mehr zum Nulltarif geben. Um eine Finanzierung hierfür auf Dauer zu sichern, müssen regelmäßig diesbezügliche Einzahlungen von den Anspruchsberechtigten geleistet werden. Wer vorzeitig in Rente gehen möchte, muss entsprechende Abzüge (z. B 2 % pro Jahr) in Kauf nehmen. Nebeneinkünfte durch weiteren Arbeitseinsatz von Rentnerinnen und Rentnern bzw. Pensionären müssen steuerfrei sein.

Für eine angemessene Altenbetreuung hat jeder Staat bis zu einer festgesetzten Einkommenshöhe bzw. einem zu begrenzenden, vorhandenen Grundvermögen kostenfrei zu sorgen.

Einrichtungen für die Betreuung von Kindern, angefangen mit Krippenplätzen, müssen weltweit bis zu einer festgesetzten Einkommenshöhe kostenfrei angeboten werden. Unternehmen und Behörden müssen Betreuungseinrichtungen für die Kinder ihrer Mitarbeiterinnen und Mitarbeiter anbieten. So wird es ihnen gelingen, dem Mangel an Facharbeiterinnen und Facharbeitern entgegenzuwirken. Kindergeld darf ab einer noch festzulegenden Einkommenshöhe nicht mehr gezahlt werden.

Alle sozialen Leistungen aus der öffentlichen Hand dürfen nicht linear, sondern nur an Bedürftige unterer Einkommensklassen gezahlt werden. Das muss gesetzlich in allen Gesellschaften festgelegt werden.

Geistig bzw. körperlich behinderte Menschen müssen überall auf der Welt, soweit sie sich die notwendige Betreuung finanziell nicht leisten können, eine kostenlose Versorgung durch die öffentliche Hand bekommen.

In allen Gesellschaften/Staaten sollte für die Jugend ein soziales Jahr eingerichtet werden, um sie an ihre verpflichtende Solidarität gegenüber bedürftigen Menschen heranzuführen.

Familienangehörige, die die notwendige Betreuung übernehmen, sind vom Staat bzw. der Gesellschaft entsprechend finanziell zu fördern. Die Betreuung soll, soweit als irgend möglich, grundsätzlich im eigenen Wohnbereich erfolgen. Eine Heimunterbringung muss immer der letzte Weg sein.

3. In der Finanz- und Geldpolitik

In allen Staaten muss ausnahmslos die Haushaltspolitik gesetzlich so geregelt sein, dass die Ausgaben die Einnahmen grundsätzlich nicht übersteigen. Die vorhandenen Schulden müssen komplett – entweder durch Erlass oder durch konsequente, zumutbare Einsparungen – abgebaut werden, um einen echten Neuanfang hinzubekommen. Neuverschuldungen dürfen nur zugelassen werden, wenn sie rentierlich sind, es sei denn, dass die Notwendigkeit außerordentlicher Ausgaben nachgewiesen werden kann. Über Ausnahmegenehmigungen darf nur die höhere Ebene entscheiden und zwar nur dann, wenn sie bereit und in der Lage ist, die erforderlichen Mittel dafür zur Verfügung zu stellen.

Das Ziel muss sein, stets einen ausgeglichenen Haushalt vorzulegen.

Um mehr Flexibilität bei finanziellen Entscheidungen zu erreichen, muss die „Töpfchenwirtschaft" ein Ende haben. Festgelegte Gelder, die für eine bestimmte Maßnahme zugeteilt worden sind und letztendlich doch nicht benötigt werden, müssen für dringend notwendige Maßnahmen unbürokratisch freigegeben werden.

Um die Fülle von Förderprogrammen abzubauen, müssen die steuerlichen Rahmenbedingungen für die gewerblichen, handwerklichen und landwirtschaftlichen Unternehmen so gestaltet sein, dass deren Gewinne ausreichen, um ihre Mitarbeiter tarifgerecht entlohnen, die notwendigen Investitionen durchführen und die erforderlichen Rücklagen bilden zu können. Förderprogramme für die Industrie zur Sicherung von Arbeitsplätzen dürfen nur aufgelegt werden, wenn bewiesen wird, dass die betreffenden Arbeitsplätze für mindestens 5 Jahre gesichert sind. Sollten die gegebenen Zusagen nicht eingehalten werden, ist der gesamte Förderungsbetrag zurückzufordern.

Des Weiteren dürfen nur Förderprogramme, die zum Ausgleich von nachgewiesener Strukturschwäche notwendig sind, eingerichtet werden.

Allgemein gilt: Sonderregelungen und Förderprogramme dürfen immer nur die Ausnahme sein.

Abgaben- und Gebührenordnungen müssen sich nach den tatsächlich zu Grunde liegenden

Kosten richten und dürfen nicht zum Ausgleich des Haushalts herangezogen werden.

Um überall gleiche Lebensbedingungen zu erreichen, müssen die prozentualen Ausgaben für Soziales, Gesundheit, Kultur, Verkehr, Wohnungsbau und andere Bauvorhaben sowie Sport und Verwaltung in allen Gesellschaften, gemessen am Bruttosozialprodukt, etwa gleich sein.

Steuerhinterziehung ist eine Straftat und sie muss in allen Staaten konsequent bekämpft werden.

Alle Banken müssen sich international verpflichten, auf Antrag betroffener Staaten bzw. Gesellschaften oder Parlamente entsprechende Konten von Unternehmen bzw. Einzelpersonen offenzulegen und dieselben gegebenenfalls zu sperren. Das Gleiche gilt für Konten, die nachweislich rechtswidrig angelegt worden sind.

Jeder Erdteil muss autonom sein eigenes Bankensystem aufbauen. Die Weltbank sowie die Nationalbanken, die Zentralbanken und alle sonstigen Banken sind ausschließlich für den Geldverkehr zuständig und ihr Eigentum am Produktionsvermögen darf im Einzelfall 2% nicht übersteigen. Mit Ausnahme der Weltbank dürfen Banken global nur innerhalb eines Erdteils tätig sein. Sie sind für die Stabilität ihrer Währungen verantwortlich und dürfen sich an Spekulationsprojekten und Risikogeschäften nicht beteiligen.

Unternehmensgründungen wie auch bestehende Unternehmen dürfen von den Banken nur dann finanziell unterstützt werden, wenn nach eingehender Prüfung mit deren wirtschaftlichem Erfolg zu rechnen ist.

Die gesamte Zinspolitik muss auf den Prüfstand. Eine weltweit angemessene Zinspolitik ist wünschenswert.

Zinsen dürfen nur so hoch sein, dass sie die entstehenden Kosten decken und eine ausreichende Risikoabdeckung gewährleisten. Wucherzinsen müssen weltweit verboten werden und wenn sie nachgewiesen werden, sind sie zurückzuzahlen.

Jeder Erdteil soll sein eigenes Börsensystem haben. Der Aktien- und Wertpapierhandel darf nur innerhalb eines Börsensystems stattfinden. Um grenzübergreifende wirtschaftliche

Zusammenbrüche zu vermeiden, darf es keine erdteilübergreifenden Fusionen geben.

Kartellbehörden (organisiert als Staaten-, Erdteil- und Weltkartellbehörde) müssen rechtlich so konzipiert sein, dass sie in der Lage sind, die Einhaltung dieser Bestimmungen zu überwachen und notwendige Maßnahmen zu treffen und durchzusetzen.

Die Zielrichtung muss immer sein, überall gleiche Lebensbedingungen zu erreichen und dem grenzenlosen Reichtum einzelner Gesellschaften bzw. Personen Einhalt zu gebieten.

4. In der Wirtschaftspolitik

Ein freier Wettbewerb muss grundsätzlich möglich sein, da er die Voraussetzung für Wachstum ist. Er darf sich aber nicht unkontrolliert entwickeln, eine gewisse Steuerung muss sein.

Eine soziale und freie Marktwirtschaft muss überall die Grundlage sein, doch Planwirtschaft darf es nicht geben.

Industrien, Energiekonzerne und die Landwirtschaft dürfen sich nur innerhalb eines Erdteils ausbreiten. Sie müssen, soweit sie einen Versorgungsauftrag zu erfüllen haben, verpflichtet werden, ihre Bilanzen offenzulegen.

Die Entstehung weltweit tätiger Konzerne sollte unterbunden werden, da dies stets zu einer wirtschaftlichen Schieflage auf den einzelnen Erdteilen führt.

Alle Erdteile müssen in diesen Bereichen unabhängig tätig sein, zumal in diesen Bereichen die meisten Arbeitsplätze zur Verfügung gestellt werden können.

Um die notwendigen Strukturen zu schaffen,

müssen die erforderlichen Finanzmittel vom Erdteilparlament zur Verfügung gestellt werden.

Eine Globalisierung der ungehemmten Märkte darf es nicht geben. Die Außenhandelsbilanz eines jeden Erdteils muss möglichst ausgeglichen sein. Weltweite Regulierungen sind wünschenswert.

Der Energiebedarf der Erdteile ist sicherzustellen und allein Aufgabe des jeweiligen Erdteils. Weltweit tätige Energieversorgungsbetriebe darf es nicht mehr geben.

Die Zuständigkeit für die Versorgung der Bevölkerung mit Energie, mit allen notwendigen Lebensmitteln, Medikamenten, Gebrauchsgütern, Kleidung und Spielsachen liegt bei jedem Erdteil allein. Auch dies erfordert notwendige Strukturen, die nur als Gemeinschaftsaufgabe zu erreichen sind.

Um es den Verbrauchern zu erleichtern, sich vor schädlichen Stoffen und Materialien zu schützen, müssen vor allem Lebensmittel und Spielsachen mit einen Aufdruck in Form farblicher Kreise versehen werden, die z. B Folgendes signalisieren: Grün = unbedenklich, Gelb = nicht unbedenklich und Rot = bedenklich.

Für den Im- und Export müssen neue Grundsätze geschaffen werden. Nur die Qualität, die Einmaligkeit bzw. seine Einzigartigkeit eines Produktes darf darüber entscheiden, ob dessen Im- oder Export zugelassen wird.

Nachahmungen, die eine Verletzung von Urheberrechten darstellen, sowie minderwertige Niedrigstpreisprodukte dürfen weder importiert noch exportiert werden.

Der Wettbewerb innerhalb eines Erdteils muss weiterhin uneingeschränkt möglich sein. Wenn die Löhne und Gehälter überall auf der Erde angeglichen sind und eine diesbezügliche staatliche Förderung ausgeschlossen ist, gibt es auch in diesem Bereich keinen unlauteren Wettbewerb mehr.

Das Ziel muss es sein, auf jedem Erdteil den lokalen Wettbewerb am Leben zu erhalten. Es muss gelingen, in allen Staaten bzw. Gesellschaften ausreichend eigene Arbeitsplätze zu schaffen und gleiche Lebensbedingungen herzustellen.

5. In der Gesundheitspolitik

Alle Menschen auf der Erde haben das gleiche Recht, bei Krankheit und Gebrechen sowohl ärztlich-operativ, medizinisch und, wenn nötig, mit Hilfsmitteln versorgt zu werden. Auch muss die erforderliche stationäre Krankenhausversorgung überall gewährleistet sein. Die Versorgung mit Ärzt(inn)en und Fachärzt(inn)en muss überall sichergestellt werden, das heißt, sie müssen sich in zumutbarer Entfernung befinden. Der Notfalldienst (Krankenwagen, wenn nötig mit Notarzt bzw. -ärztin) darf nirgendwo fehlen. In den Krankenhäusern müssen grundsätzlich Zweibettzimmer angeboten werden. Das notwendige Arzt- und Pflegepersonal muss in allen solchen Einrichtungen vorhanden sein. Hier darf es aus Kostengründen keine Einsparungen geben. In den Krankenhäusern steht die Qualität und nicht die Gewinnmaximierung an erster Stelle.

Den Problemen der notwendigen ärztlichen Versorgung in ländlichen Räumen muss Rechnung getragen werden. Ärzte und Ärztinnen, die sich in ländlichen Räumen niederlassen möchten, sind finanziell oder räumlich zu unterstützen.

Jeder Staat bzw. jede Gesellschaft muss die Garantie dafür übernehmen, dass die notwendige medizinische Versorgung sichergestellt ist. Die Anzahl der Krankenkassen mit ihren hohen Verwaltungskosten muss auf eine bedarfsgerechte Mindestzahl reduziert werden.

Alle, die am Gesundheitswesen verdienen, müssen ihre Bilanzen gegenüber den zuständigen Kontrollorganen offenlegen. Gewinne, die noch festzulegende Grenzen überschreiten, müssen zur allgemeinen Kostendeckung verwendet werden.

Alle erwachsenen Menschen müssen eine zumutbare einheitliche Gesundheitssteuer zahlen. Kinder sind davon freizuhalten. Zum Kostenausgleich ist ein durch Steuergelder finanziertes System zu bilden.

Wer im Krankenhaus ein Einbettzimmer verlangt, vom Chefarzt behandelt werden will oder Krankenhaustagegeld möchte, kann sich diese Leistungen durch eine private Zusatzversicherung einkaufen.

Die medizinischen Geräte, Medikamente und alle für die Gesundheit der Menschen notwendigen Einrichtungen müssen in allen Staaten bedarfsgerecht vorhanden sein.

Alle angebotenen Medikamente müssen von unabhängigen staatlichen Stellen auf ihre Qualität und Wirkung hin geprüft und entsprechend gekennzeichnet werden, bevor sie weltweit vermarktet werden. Die Preise müssen weltweit gleich sein.

6. Im Umwelt- und Energiebereich

Die Umweltverschmutzung muss international radikal vermindert werden. Einen Handel mit sogenannten Umweltverschmutzungsrechten darf es nicht geben.

CO_2-Endlager müssen dort eingerichtet werden, wo das CO_2 erzeugt wird, und nur wenn eine Genehmigung zum Endlagern erteilt wird, darf eine CO_2-produzierende Anlage gebaut werden.

Ansonsten müssen bestehende Anlagen nach und nach abgebaut und durch alternative Energieanlagen ersetzt werden.

Eine grundsätzliche Ablehnung solcher Energieanlagen durch die betroffene Bevölkerung ist zu akzeptieren.

In allen Staaten bzw. Gesellschaften müssen erforderliche Mülldeponien, Kläranlagen und Wiederverwertungsanlagen gebaut werden. Auch muss für die Menschen überall auf der Erde ausreichend sauberes Trinkwasser zur Verfügung stehen.

Genmanipulierte Lebensmittel dürfen nirgendwo mehr angebaut werden.

Verpackungs- und Baumaterialien müssen frei

von Belastungsstoffen für Menschen und Tiere sein.

Der enorme, stetig anwachsende Energiebedarf stellt die Menschheit vor gewaltige Aufgaben. Neubauten von atomaren Kraftwerken sind nicht zu verantworten, da diese Technik nachweisbar nie vollständig beherrschbar sein wird. Schon allein die durch sie anfallenden Entsorgungsprobleme sind dauerhaft nicht zu lösen. Es ist nicht zu bestreiten, dass die Strahlung des Atommülls eine Million Jahre lang anhält. Allein diese Erkenntnis stellt klar, dass diese Art der Energiegewinnung nicht zu verantworten ist. Ein frühestmögliches Abschalten aller Atomkraftwerke ist das Gebot der Stunde.

Die Möglichkeiten der alternativen Energiegewinnung durch Sonne, Wind und Wasser werden noch lange nicht in ausreichendem Maß genutzt. Auch die Erdwärme ist unerschöpflich. Die Potenziale der regenerativen Energien müssen mit den notwendigen finanziellen Mitteln erforscht und entwickelt werden. Die notwendigen Versorgungsleitungen müssen unbedingt umweltfreundlich sein, indem vorrangig Erdleitungen anstatt Überlandleitungen erstellt werden.

Weltweit muss klar sein, dass die erforderlichen finanziellen Mittel dafür zur Verfügung gestellt werden müssen.

Es muss Schluss damit sein, die Menschen mit den Erhöhungen der Energiekosten zu verunsichern, um so Akzeptanz für eine unverantwortliche, lebensbedrohende Energiepolitik zu erreichen.

Die Autoindustrie muss sich ernsthaft das Ziel setzen, Autos zu produzieren, die zum Fahren kein Benzin oder Diesel benötigen.

Auch die gesamte Maschinenindustrie steht vor gewaltigen neuen Aufgaben. Um den Energiebedarf nachhaltig zu senken, sind intelligente Lösungen auf die Tagesordnung zu setzen.

7. Im Versorgungsbereich mit Lebensmitteln

Auf jedem Erdteil gibt es genug landwirtschaftliche Fläche und Möglichkeiten, um ausreichend Grundnahrungsmittel zu erzeugen und zu vermarkten. Konzerne, die auf diesem Gebiet weltweit tätig sind, darf es nicht mehr geben.

Klein- und Mittelstandbetriebe stehen in einem gesunden Wettbewerb und dürfen in ihrer Existenz nicht durch immer größer werdende Firmen und Industrien gefährdet werden. Massentierhaltungen darf es grundsätzlich nicht mehr geben. Unsere Tiere haben ein Recht auf eine gesunde, artgerechte Lebensweise.

Die perversen Massenproduktionen, die nur dazu dienen, die Preise auf Kosten der Qualität zu drücken, müssen vom Markt verschwinden. Der Slogan „Geiz ist geil" hat schon Schaden genug angerichtet. Wer Qualität erwartet, muss wissen, dass Qualität auch etwas mehr kostet. Der Konsum von Billigprodukten stellt in der Regel unsere Gesundheit in Frage. Bioprodukte müssen überall mehr Bedeutung bekommen. Getreide darf grundsätzlich nur für die Ernährung von Menschen und Tieren verwendet und z.B. nicht für Treibstoffe zweckentfremdet werden.

8. Im Bereich der Justiz

Auf jedem Erdteil ist eine eigene, unabhängige Gerichtsbarkeit aufzubauen. Todesurteile darf es auf der ganzen Erde nicht mehr geben.

Überall sollen die Zivilgerichte weitgehend entlastet werden. Über Konflikte, die einen Streitwert von 10.000 Euro nicht überschreiten, muss von Schiedsfrauen bzw. Schiedsmännern ohne Berufungsmöglichkeit entschieden werden.

Das Jugendstrafrecht, das Arbeitsrecht, das Sozialrecht und das Familienrecht sind in den jeweiligen Staaten autonom zu regeln.

Im Strafrecht sollen die Strukturen gleich sein (Landgericht – Oberlandesgericht –Staatsgericht – Erdteilgericht). Berufungen müssen in der jeweiligen Urteilsbegründung zugelassen oder abgelehnt werden. Wer sich einen Rechtsbeistand nicht leisten kann, dem bzw. der muss ein solcher vom jeweiligen Gericht gestellt werden.

Eine Resozialisierung gehört immer zum Strafvollzug. Eine vorzeitige Begnadigung muss in allen Fällen nach Recht und Gesetz ermöglicht werden.

Verurteilte Strafgefangene dürfen für allgemeine und, je nach Strafmaß, für schwere Arbeiten eingesetzt werden. Schwerverbrecher/-innen und Verbrecher/-innen, die sich sexuell an Kindern vergangen haben, müssen, wenn sie im endgültigen Urteil als nicht therapierbar eingestuft worden sind, nach der Verbüßung ihrer Haft lebenslang in Sicherungsverwahrung genommen werden können.

Die Gerichtsbarkeit muss in verschiedene Ebenen unterteilt sein:

Verwaltungsgericht, Oberverwaltungsgericht und Landes- bzw. Bundesverwaltungsgericht.

Für Verfassungsgerichte gilt das Gleiche.

Über die Berufungsmöglichkeit entscheidet jeweils das urteilende Gericht.

Rechtsbeistände müssen uneingeschränkte Akteneinsicht bekommen und, je nach Bedarf, Sachverständige bzw. Zeugen benennen können. Für Staatsanwaltschaften gilt das Gleiche.

Solange kein Gerichtsurteil gefällt ist, gilt in allen Fällen die Unschuldsvermutung.

Bei Freisprechungen sind die Gerichtskosten von der öffentlichen Hand zu tragen.

9. IM KULTURBEREICH

Die verschiedenen Kulturen sind grundsätzlich zu respektieren und dürfen nicht eingeschränkt bzw. abgelehnt werden.

Auf allen Erdteilen müssen in allen Staaten bzw. Gesellschaften gleiche Schul-, Bildungs- und Fortbildungssysteme so angeboten werden, dass ein Besuch dieser Einrichtungen für jeden, gleich welchen Geschlechts, möglich ist.

Bei einem zu geringen Einkommen muss der Besuch kostenlos angeboten werden.

Alle Kinder auf der Erde müssen, ohne Berücksichtigung des Einkommens ihrer Eltern, gleiche Chancen haben.

Das unterste Bildungsziel muss der Abschluss der mittleren Reife sein. Eine Nachhilfe, bei Bedarf auch kostenlos, muss bis zur Erreichung dieses Zieles angeboten werden. Universitäten muss es in allen Staaten geben und nach bestandenem Abitur muss der Besuch einer Universität nach freier Wahl möglich sein. Auch hier darf das Studium nicht aus finanziellen Gründen scheitern. Die Chancengleichheit muss immer gewährleistet sein.

Minderheiten müssen überall, sowohl kulturell als auch sprachlich, die gleichen Grundrechte garantiert bekommen.

Kunst, Musik, Sport und Forschung müssen gleichermaßen in allen Staaten bzw. Gesellschaften angeboten und gefördert werden, wobei in diesen Bereichen eine weltweite Globalisierung möglich sein muss.

Auch soll im gesamten Kulturbereich das persönliche jährliche Einkommen Einzelner eine gewisse Summe (z.B. eine Million Euro nach Steuern) nicht überschreiten.

10. Im Bereich der Verkehrspolitik

Die Verkehrsinfrastruktur muss in allen Staaten bzw. Gesellschaften in gleicher Weise den Lebensbedürfnissen der Menschen entsprechen.

Das Gleiche gilt für die anzubietenden Verkehrsmittel.

Die Verkehrssicherheit muss bei allen Verkehrsplanungen höchste Priorität haben. Der Transport von Gütern muss weitgehend von der Straße auf die Schiene verlagert werden. Die hierfür notwendigen Infrastrukturen müssen geschaffen werden.

Bei geplanten Großprojekten muss immer zunächst die betroffene Bevölkerung gefragt und es darf erst dann mit der Planung begonnen werden, wenn sich die Mehrheit für ein solches Projekt entschieden hat. Bei einer mehrheitlichen Ablehnung muss ein solches Projekt von der Tagesordnung genommen werden. Egal, wie eine solche Entscheidung ausfällt, es darf hinterher keine weiteren Einsprüche gegen das Projekt mehr geben.

Auf der Suche nach Alternativen für Verbrennungsmotoren muss die Forschung wesentlich verbessert werden, um den Bedarf an Öl zu reduzieren.

11. Im Bereich der Pressefreiheit

Weltweit darf auf Pressefreiheit nicht verzichtet werden. Die Unabhängigkeit der Presse muss gewährleistet sein. Einschränkungen, gleich welcher Art, darf es nicht geben, bis auf die üblichen Grenzen im Zusammenhang mit dem Persönlichkeitsschutz.

Auch die Vielfalt muss gesichert werden.

Ein Medienmonopol in privater Hand ist gesetzlich zu unterbinden und öffentlich-rechtliche Träger entsprechend zu fördern, soweit sie sich nicht zu einseitig berichten, was gegebenenfalls verhindert werden muss.

Ein Epilog

Der Wunsch der Menschen nach Frieden und Freiheit überall auf der Erde ist ungebrochen. Dazu gibt es von führenden Politikern und Staatschefs schon seit Jahrhunderten Lippenbekenntnisse, doch die Wirklichkeit sieht nach wie vor leider ganz anders aus.

Die großen Hindernisse sind immer die gleichen: Engstirnigkeit sowie der Erhalt und Ausbau von Macht und Einfluss.

Soweit die allgemeinen Interessen überwiegen, muss sich der Verzicht auf nationale und eigene Interessen durchsetzen, nicht nur im gesellschaftlichen bzw. staatlichen, sondern auch im wirtschaftlichen Bereich.

Eine erste, vielversprechende Entwicklung war die Gründung des Völkerbundes im Jahr 1920 mit 32 Mitgliedsstaaten, der bis zu dem offiziellen Ende dieser Institution im Jahr 1946 auf bescheidene 58 Mitglieder angewachsen war.

Der Völkerbund war der Vorläufer der UNO, die

1945 mit 51 Mitgliedsstaaten ins Leben gerufen wurde. Bis heute verzeichnet sie immerhin 192.

Da wir zurzeit 208 Staaten auf 5 Erdteilen haben, fehlen in der UNO bzw. im Völkerbund noch 16 Staaten.

Das Europaparlament wurde 1958 mit 6 Mitgliedern gegründet und ist heute auf 27 Mitgliedsstaaten mit 736 Abgeordneten angewachsen. Dies sind zu viele Abgeordnete für ein Parlament. Von Effektivität kann man daher nicht ausgehen. Weniger wäre hier sicher mehr. Da es in Europa zurzeit 45 Staaten gibt, fehlen also noch 18 Staaten als Mitglieder.

Wenn alle Menschen auf unserem Planeten gleich sind und wir es mit dem Frieden und der Freiheit wirklich ernst meinen, dann müssten in einem Erdteilparlament auch alle Staaten eines Erdteils vertreten sein.

Wie schon am Anfang dieser Ausführungen gesagt, wäre es sicher besser, anstatt von Staaten von Gemeinschaften zu sprechen. Sie müssten auf Augenhöhe, also gleichberechtigt in den jeweils zuständigen Parlamenten mitwirken und in der UNO bzw. im Völkerbund sollten alle Erdteile mit der gleichen Zahl von Parlamentssitzen vertreten sein.

Besonders ist darauf zu achten, dass alle Parlamente eine arbeitsfähige Größe haben.

Immer und überall werden einige Menschen mehr verdienen bzw. besitzen als andere. Missgunst und Neid wird es daher leider immer geben. Doch die ethischen Grundsätze dürfen nie und nirgendwo darunter leiden.

Wenn es überall auf der Erde gleich gute Lebensbedingungen gibt, wird es kaum noch aus wirtschaftlichen Gründen zu großer Abwanderung kommen. So werden auch Radikalisten kaum noch Anhänger finden.

In einer friedlichen, zufriedenen Welt haben auch Diktatoren und Alleinherrscher keine Chance mehr.

Friedliche Demonstrationen hingegen müssen immer und überall uneingeschränkt erlaubt sein und dürfen niemals mit Gewalt verhindert werden.

Dieses Buch ist kein wissenschaftliches, es ist auch keine Heilslehre und nicht als Dogma zu verstehen, es ist ein Buch, das zum Nachdenken anregen soll. Verbesserungsvorschläge zu dem hier Vorgebrachten mit dem Ziel, Weltfrieden ohne Waffen, Hunger und Elend Wirklichkeit werden zu lassen, sind erwünscht.

Die Gedanken von Leserinnen und Lesern zu den einzelnen Punkten würde ich gern in einem Nachdruck berücksichtigen, wenn Sie mir mitteilen, dass ich sie veröffentlichen darf.

Mein Leben wurde maßgeblich von meiner glaubensstarken Großmutter beeinflusst. Insbesondere ihre Auffassung, die da lautete: „Versuche nie dem lieben Gott in die Augen zu greifen", und: Da, wo dir eine Tür zugeschlagen wird, öffnet der liebe Gott ein Fenster."

Es waren Aussagen, die mir klarmachten, erstens, den lieben Gott nicht unangemessen zu fordern, sondern erst einmal an die eigenen Pflichten zu denken, und zweitens hat es mir die Kraft gegeben, nie die Hoffnung zu verlieren und auf Gott zu vertrauen.

Bereits vom Autor erschienen:

Dreimal geboren

PB, 228 Seiten

12,80 Euro

ISBN 978-3-8334-5893-4

Horst Wodowos

Als Sohn eines jüdischen, staatenlosen Vaters, der aus
Russland stammte, am 21. August 1926 im Storchenhaus,
in Danzig-Langfuhr geboren.

46 ½ Jahre staatenlos, 1973 in Nordfriesland eingebür-
gert. Dreimal verheiratet, vier Kinder (zwei Mädchen aus
der 1. Ehe, ein Mädchen und einen Jungen aus der 2. Ehe).
In Hamburg aufgewachsen, nach der Volksschule 1941 im
Alter von 14 Jahren Koch gelernt. 1943 die Bombenan-
griffe auf Hamburg überlebt. Anschließend in Danzig als
Koch gearbeitet. Ende 1943 Danzig fluchtartig verlassen.

Wieder in Hamburg im Hotel Atlantic als Koch gearbeitet. Ende 1944 zur Zwangsarbeit gezwungen. Anfang
1945 nach Erfurt geflohen, dort verhaftet und in eine SS-
Haftanstalt eingeliefert. 1945 völlig unterernährt, von den
Amerikanern befreit.

Zurück in Hamburg, nach Kriegsende als erster Zi-
vilist die Elbbrücken überquert. In der Wohnung seiner

Mutter zusammengebrochen. Einige Monate wegen einer Nervenkrankheit (Folgen der Inhaftierung) mit Spritzen behandelt. Im Hotel Atlantic als Restaurantkellner gearbeitet. Besuch der höheren Hotelfachschule Heidelberg, dann Snackbar-Manager bei den Amerikanern in Stuttgart, Oberkellner in Hamburg, Geschäftsführer und Direktionssekretär in Hannover, Köln und Bremen. 1959 in Osnabrück selbstständig. Zunächst als Pächter ein Tanzlokal, dann eine Hähnchenbraterei und eine Gaststätte betrieben.

1969 in Nordfriesland seine zweite Heimat gefunden. In Wyk auf Föhr das Promenadencafe „die insel" konzipiert und gegründet. 1970 schwerer Verkehrsunfall mit dem Pkw, über ein Jahr Krankenhausaufenthalt. Seit dem mit 80 % schwer gehbehindert. 1975 Kauf und Gründung des Park-Hotels in Wyk auf Föhr (vom Pächter zum Eigentümer). 1977 Kauf des Kinderheimes „JUNGBORN" und Umbau in eine Ferienwohnungen-Anlage.

30 Jahre in Nordfriesland kommunalpolitisch tätig. 45 Jahre Mitglied im Hotel- und Gaststättenverband. 30 Jahre Mitglied im Reichsbund. 30 Jahre Mitglied in der Arbeiterwohlfahrt. Auszeichnungen: Verdienstnadel in Gold vom DEHOGA/Schleswig-Holstein. Goldene Ehrennadeln vom Reichsbund und von der AWO. Bundesverdienstorden von der Bundesrepublik Deutschland.